Un éléphant pour saint Nicolas

Ballon

En cette veille de 6 décembre, saint Nicolas est soucieux. Son fidèle cheval a une fièvre... de cheval ! Il est brûlant de la crinière aux sabots. Le courageux animal tremble sur ses pattes mais tente de rassurer le grand saint. « Ne vous inquiétez pas, patron. Pas question que je manque cette nuit. Après tout, ça n'arrive qu'une fois par an. Je tiendrai le coup ». Saint Nicolas caresse sa longue barbe blanche pensivement. « Nous n'avons pas beaucoup le choix, de toute façon », soupire-t-il en caressant l'encolure de son vieux compagnon.

En ville, le cirque Zavapa a de gros ennuis, lui aussi. Le trapéziste a le vertige, l'écuyère est allergique au crin de cheval et le clown a un gros rhume qui le fait pleurer.
« Pas facile de faire rire avec le nez qui coule et les yeux rouges », se lamente-t-il.
Gustavo Zavapa, le directeur du cirque, se désespère. Le public se fait rare et nourrir et soigner tant d'animaux coûte cher... La maigre recette de la journée suffira à peine à payer la paille de l'éléphant. Si ça continue, il va être obligé de mettre la clé sous le chapiteau.

La neige s'est mise à tomber. Pour saint Nicolas, il est l'heure de se mettre en route. « Quelle idée d'avoir sa fête en décembre. Vous n'auriez pas pu choisir le mois d'août ? Septembre, à la limite... », ronchonne le Père Fouettard qui n'a jamais pu s'habituer à l'hiver. Saint Nicolas sourit dans sa barbe car, chaque année, c'est la même chose. Non, celui qui l'inquiète vraiment, c'est son cheval. La pauvre bête semble à bout de forces. Elle a déjà failli entrer en collision avec deux cheminées, un ramoneur et un couple de cigognes qui avaient oublié de migrer.

Ils viennent de se poser sur un toit particulièrement pentu.

Le gel le rend terriblement glissant et nos amis ont bien du mal à conserver leur équilibre. Cramponné à la cheminée, Père Fouettard est de très mauvaise humeur et maudit l'hiver, la neige, la glace et les toits en pente !

Le cheval s'est mis en vol stationnaire et lévite à quelques centimètres des tuiles et de saint Nicolas qui, un à un, laisse les jouets descendre dans la cheminée. Mais son rhume l'accable de plus en plus. Le pauvre cheval sent monter en lui une énorme envie d'éternuer.

« Aaaa... Aaaaaa... Aaaaatchoum ! »

Comme un ballon se vidant de son air, le cheval est propulsé dans les airs en tournoyant. Père fouettard, toujours agrippé à sa cheminée, a juste le temps de rattraper saint Nicolas par sa barbe. Tous deux ont juste le temps d'apercevoir le cheval disparaître dans la nuit et s'écraser en plein milieu de la ville.

Les deux compagnons se regardent atterrés. « Pour un beau rhume, c'est un beau rhume », commente Père Fouettard. « Ce n'est pas un simple rhume, c'est une catastrophe ! Je te rappelle que c'est lui qui porte les jouets !», s'exclame saint Nicolas.

Au cirque Zavapa, Gustavo, le directeur, essaie de convaincre sa troupe que le foin est excellent pour la santé. « La preuve ! Tembo, l'éléphant, en mange tous les jours ! Et il n'est jamais malade ! ». Sa démonstration est brutalement interrompue par la chute d'un très beau cheval blanc d'environ 350 kilos. C'en est trop pour le malheureux Zavapa qui s'évanouit. Toujours serviable, Tembo se rue vers son abreuvoir et y remplit sa trompe d'eau. SPLASH ! Zavapa est réveillé par un énorme jet d'eau en plein visage. « Un peu de foin pour vous remettre de vos émotions, Monsieur le directeur ? », lui propose aimablement le lanceur de couteaux en lui tendant une serviette. Tout en s'épongeant Zavapa lui jette un regard noir.

Tout le monde fait cercle autour du mystérieux cheval qui reprend lentement ses esprits. « Tu apprends un numéro de funambule aux chevaux de piste sans me le demander ? », hurle Zavapa, très en colère. « Mais ce n'est pas moi ! », proteste l'équilibriste. « Ni, nous ! », ajoute le couple de trapézistes. « Impossible de rattraper un cheval par les sabots, après un double saut périlleux ! ». « D'ailleurs, ce n'est pas un cheval de cirque », intervient l'écuyère, « il n'est pas à nous ! ». « Mais, alors, à qui appartient cet animal ? », se demande Gustavo. « Il est à moi ! », dit soudain une belle voix grave. Hors d'haleine, Père Fouettard et saint Nicolas font leur entrée sur la piste du petit cirque.

« Tu prétends ne plus avoir d'argent et tu engages de nouveaux clowns ?! », s'énerve l'auguste. « Quels costumes ridicules ! », ricane le clown blanc. L'écuyère lui donne un grand coup de coude dans les côtes. « C'est saint Nicolas, idiot ! », lui chuchote-t-elle à l'oreille. « Oh, pardon ! », bredouille le clown. « En fait, il est très bien votre costume. Pas pratique, pratique... Mais très joli ! ». « Vous l'avez retrouvé ! Dieu merci », s'écrie saint Nicolas en serrant son cheval dans les bras. « Sans lui, pas de tournée ! Et sans tournée, pas de cadeaux pour les enfants ». Le cheval pose la tête sur l'épaule du saint et hennit tristement.

« Excusez-moi, saint Nicolas, mais votre cheval n'est pas en état de voyager », intervient Gustavo Zavapa. « Je le sais bien », répond le grand saint. « Mais il faut que je distribue les jouets aux enfants ! Et je ne peux quand même pas les charger sur le dos de ce pauvre Père Fouettard... Il n'est plus tout jeune, vous savez ! ». « J'ai mieux à vous proposer », sourit Gustavo devant l'air vexé de Père Fouettard. « Tembo ! Viens par ici ! ». L'éléphant s'avance devant saint Nicolas qu'il salue joyeusement en faisant bouger les oreilles. « Prenez-le pour cette nuit ! Et nous vous aiderons, nous aussi, si vous le voulez ».

Très ému, saint Nicolas serre chaleureusement la main de Gustavo.
« Mes chers amis, c'est très généreux de votre part ! Mais comment allez-vous faire pour la représentation de ce soir ? ». Les gens du cirque baissent la tête. « Hélas, ça ne changera pas grand-chose de toute façon... J'ai bien peur que le cirque n'intéresse plus grand monde de nos jours », soupire Gustavo en montrant les gradins déserts. Saint Nicolas hoche pensivement la tête puis déclare tout à coup :
« J'ai peut-être une idée... Mais, d'abord, les enfants ! ».

Tout le petit cirque s'affaire pour harnacher Tembo avec les hottes. Ensuite, chacun se met en devoir de les remplir avec les jouets que saint Nicolas fait apparaître au fur et à mesure. « Pas si vite ! Je ne suis plus tout jeune comme vous l'avez si aimablement fait remarquer tout à l'heure», grommèle Père Fouettard. « Nous n'arriverons jamais à tout mettre dans les hottes, saint Nicolas », s'inquiète Gustavo.
« Elles n'ont pas de fond », explique saint Nicolas. « Elles contiennent autant de jouets qu'il y a d'enfants sages dans le monde ». Lorsque tout est prêt, la petite troupe se met en route, saluée par le hennissement du cheval, douillettement blotti dans la paille et chouchouté par la jolie écuyère.

« Mes amis, pour cette nuit magique, et seulement pour cette nuit, vous aurez le pouvoir de voler, même toi Tembo. Ça devrait faciliter votre travail sur les toits et les cheminées ! », leur explique saint Nicolas. Aussitôt, tous se sentent soulevés de terre et se mettent à flotter, comme en apesanteur. « Je vole ! Je vole ! », crie le trapéziste. « Moi aussi ! », jubile l'équilibriste. « Brrrrra ! », confirme Tembo. Et alors commence la plus étrange nuit que l'on puisse imaginer. Un éléphant volant slalomant entre les cheminées, un funambule en équilibre sur les paratonnerres, un clown blanc tout noir de suie imitant un Père Fouettard grincheux... Et tous chargés de merveilleux cadeaux qu'ils déversent sans compter dans les maisons endormies.

Au petit matin du 6 décembre, la petite troupe regagne discrètement le chapiteau du cirque Zavapa. Épuisés mais heureux de ce qu'ils viennent d'accomplir, ils ont encore les yeux pleins d'étoiles et le sourire aux lèvres. Saint Nicolas lève la main droite pour arrêter les joyeuses conversations.
« Il faut maintenant me promettre de ne jamais révéler à quiconque ce que vous avez vu cette nuit ». « Bien sûr ! De toute façon, personne ne croirait que j'ai passé la nuit sur les toits en compagnie d'un éléphant volant », déclare l'auguste. Tous se mettent à rire. Même Père Fouettard esquisse un sourire qu'il s'empresse de faire disparaître en se mordant l'intérieur des joues.

Et pour remercier ses amis et sauver leur cirque, saint Nicolas prend la tête d'une grande parade qui parcourt les rues de la ville noires de monde. Aux fenêtres, aux balcons, sur les pavés, sur les réverbères... partout, grands et petits se pressent avec enthousiasme pour admirer le grand saint juché sur Tembo, suivi par tous les artistes et les animaux. Inutile de dire que, depuis, le cirque Zavapa joue toutes ses représentations à guichets fermés. Si jamais tu as la chance de t'y rendre, regarde bien, au premier rang, ce vieux monsieur avec une longue barbe blanche qui applaudit en riant.

Il ne te rappelle pas quelqu'un ?

Les plus belles chansons de Saint-Nicolas

Saint Nicolas, patron des écoliers

Ô grand saint Nicolas, patron des écoliers,

Apporte-moi des pommes

dans mes petits souliers.

Je serai toujours sage comme un petit mouton,

Je ferai ma prière pour avoir des bonbons.

Venez, venez saint Nicolas

Venez, venez saint Nicolas

Sur l'air du tradéri déra - Et tra la la...

La légende de saint Nicolas

Refrain : Ils étaient trois petits enfants
Qui s'en allaient glaner aux champs

Tant sont allés, tant sont venus
Que vers le soir se sont perdus.
S'en sont allés chez le boucher :
Boucher, voudrais-tu nous loger ?

Entrez, entrez, petits enfants,
Y'a de la place assurément.

Ils n'étaient pas sitôt entrés
Que le boucher les a tués,
Les a coupés en p'tits morceaux
Mis au saloir comme pourceaux.

Saint Nicolas au bout d'sept ans
Vint à passer dedans ce champ,
Alla frapper chez le boucher :
Boucher, voudrais-tu me loger ?

Entrez, entrez, saint Nicolas,
Y'a de la place, il n'en manque pas
Il n'était pas sitôt entré qu'il a demandé à souper.

Voulez-vous un morceau de jambon ?
Je n'en veux pas il n'est pas bon.
Voulez-vous un morceau de veau ?
Je n'en veux pas il n'est pas beau.

Du p'tit salé, je veux avoir
Qu'il y a sept ans qu'est dans l'saloir.
Quand le boucher entendit ça,
Hors de la porte il s'enfuya.

Boucher, boucher ne t'enfuies pas,
Repens-toi, Dieu te pardonnera.
Saint Nicolas alla s'asseoir
Dessus le bord de son saloir.

Petits enfants qui dormez là,
Je suis le grand saint Nicolas.
Et le saint étendit trois doigts,
Les petits se levèrent tous trois.
Le premier dit : «J'ai bien dormi.»
Le second dit : «Et moi aussi.»
Et le troisième répondit
«Je me croyais au paradis.»

Refrain : Ils étaient trois petits enfants
Qui s'en allaient glaner aux champs

Le bateau de saint Nicolas

Vois l'bateau d'saint Nicolas
d'Espagne arrive.
Sous les cris des enfants
il gagne la rive.
Son p'tit cheval pommelé hennit, impatient,
de porter tous les cadeaux
à tous les enfants.

Père Fouettard s'amuse,
d' la main nous fait signe.
Les enfants obéissants reçoivent des pralines.
Oh ! bon saint Nicolas,
Viens donc vite chez moi.
Tu remplis mon petit cœur
d' bonheur et de joie.

Oh ! Qui peut bien frapper à la porte ?

Oh ! Qui peut bien frapper à la porte ?
Une, deux, une, deux, une, deux, trois.
Oh ! Qui peut bien frapper à la porte ?
Dis-moi, dis-moi, réponds-moi !
« Sois donc tranquille mon cher petit,
je suis ton grand ami.
Car même noir comme du charbon,
Vois, je suis tellement bon. »

Je viens d' la part
de saint Nicolas, Nico, Nico, Nicolas.
Je viens d' la part
de saint Nicolas, chez toi, chez toi mon petit gars.
Dis-moi, as-tu été gentil ?
T'en fais donc pas, l'ami.
Saint Nicolas t'envoie d'en haut
de très jolis cadeaux.

Près de la cheminée

Près de la cheminée,
viens donc voir ce que j'ai trouvé.
Tout pour jouer, dans mon p'tit soulier.

Un beau cartable rouge à mon nom,
un grand sachet tout plein de bonbons,
un costume de cow-boy et d'indien,
pour jouer avec tous mes copains.

Près de la cheminée,
viens donc voir ce que j'ai trouvé.
Tout pour jouer, dans mon p'tit soulier.

Crayons d' couleur et bloc de dessin,
Un nouveau pull pour mettre demain,
Une auto de course téléguidée,
Une boîte de jeux pleine d'idées.

Près de la cheminée,
viens donc voir ce que j'ai trouvé.
Tout pour jouer, dans mon p'tit soulier.

Le vent siffle dans les arbres

Le vent siffle dans les arbres,
à l'intérieur on l'entend.
Saint Nicolas viendrait-il
par un aussi mauvais temps,
par un aussi mauvais temps ?
Oui à ch'val par les nuits noires,
il galope allègrement.

Depuis le temps qu'on l'attend,
s'il le savait, il viendrait,
s'il le savait, il viendrait.

Mon âne

Mon âne, mon âne
A bien mal à la tête.
Madame lui a offert

Un bonnet pour sa tête,
Un bonnet pour sa tête,
Et des souliers lilas la la
Et des souliers lilas.

Mon âne, mon âne
A bien mal aux oreilles.
Madame lui a offert
De belles boucles d'oreille,
De belles boucles d'oreille,
Un bonnet pour sa tête,
Et des souliers lilas la la
Et des souliers lilas.

Mon âne, mon âne
A bien mal à ses yeux.
Madame lui a offert
Une paire de lunettes bleues,
Une paire de lunettes bleues,
De belles boucles d'oreille,
Un bonnet pour sa tête,
Et des souliers lilas la la
Et des souliers lilas.

Mon âne, mon âne
A bien mal à son nez.
Madame lui a offert
Un joli cache-nez,
Un joli cache-nez,
Une paire de lunettes bleues,
De belles boucles d'oreille,
Un bonnet pour sa tête,
Et des souliers lilas la la
Et des souliers lilas.

Mon âne, mon âne
A bien mal à l'estomac.
Madame lui a offert
Une tasse de chocolat,
Une tasse de chocolat,
Un joli cache-nez,
Une paire de lunettes bleues,
De belles boucles d'oreille,
Un bonnet pour sa tête,
Et des souliers lilas la la
Et des souliers lilas.

Mon âne, mon âne,
A bien trop mal aux reins.
Madame lui a offert
Une culotte de satin
Une culotte de satin,
Une tasse de chocolat,
Un joli cache-nez,
Une paire de lunettes bleues,
De belles boucles d'oreille,
Un bonnet pour sa tête
Et des souliers lilas la la
Et des souliers lilas.

Mon âne, mon âne
A bien mal à trois dents.
Madame lui a offert
Trois jaquettes en argent,
Trois jaquettes en argent,
Une culotte de satin,
Une tasse de chocolat,
Un joli cache-nez,
Une paire de lunettes bleues,
De belles boucles d'oreille,
Un bonnet pour sa tête,
Et des souliers lilas la la
Et des souliers oui da.

Le soir de fête est arrivé

Vois la lune sur les toits enneigés,
amis, arrêtons nos jeux !
Le soir de fête est arrivé,
saint Nicolas vient des cieux.
Impatients pour les jouets,
tous inquiets pour le fouet.
Impatients pour les jouets,
tous inquiets pour le fouet.

Comme nous allons nous amuser,
Avec tous les beaux cadeaux !
Entre nous, nous allons partager,

Les bonbons et les gâteaux.
Mais aurons-nous des jouets,
Ou peut-être le fouet ?

Non, il ne faut pas s'en faire,
Papa, maman sont si bons.
Tantôt nous étions en colère,
tantôt de doux p'tits garçons.
Ne craignons plus le fouet,
Vivent, vivent les jouets !
Ne craignons plus le fouet,
Vivent, vivent les jouets !

Chanson de saint Nicolas

C'est aujourd'hui ta fête
Tra la, la la - Tra la, la la la
C'est aujourd'hui ta fête
Ô grand saint Nicolas, la la
Ô grand saint Nicolas

Tu donn' aux enfants sages
Tra la, la la - Tra la, la la la
Tu donn' aux enfants sages
Bonbons et chocolats la la
Bonbons et chocolats

GARÇONS :
Je voudrais une trompette
Ta ra, ta ta - Ta ra, ta ta ta
Je voudrais une trompette
Et de petits soldats la la
Et de petits soldats

FILLES :
Dans sa bercelonnette
Tra la, la la - Tra la, la la la
Dans sa bercelonnette
Un bébé grand comme ça la la
Un bébé grand comme ça

TOUS :
Nous obéirons vite
Saint Nicolas, saint Nicolas
Nous obéirons vite
À maman, à papa la la
À maman, à papa

Au clair de la lune, grand saint Nicolas

Au clair de la lune,

Grand saint Nicolas,

Là haut sur la lune,

Fait du chocolat.

Mitre sur la tête,

Et crosse à son bras,

C'est toujours la fête,

Quand il vient chez moi.

Dans le sac de saint Nicolas

Dans l'sac d'saint Nicolas, Nicolas, Nicolas
Dans l'sac d'saint Nicolas, écoute petit, écoute-moi.
Il y a, il y a, il y a un trésor.
Qu'il t'apporte, qu'il t'apporte, si très vite tu t'endors.
Dans l'sac d'saint Nicolas, Nicolas, Nicolas
Dans l'sac d'saint Nicolas, écoute petit, écoute-moi.

Il est pour p'tits et grands, p'tits et grands, p'tits et grands.
Il est pour p'tits et grands rempli d'cadeaux et de présents.
Avec des, avec des, avec des chocolats.
Ces gâteaux, ces gâteaux, pour moi, oh ! quelle joie !
Il est pour p'tits et grands, p'tits et grands, p'tits et grands.
Il est pour p'tits et grands rempli d'cadeaux et de présents.

Tout au fond de son sac, de son sac, de son sac.
Tout au fond de son sac, des tas d'folies et de nic-nac.
P'tit gamin, p'tit gamin, p'tit gamin turbulent,
dis-le moi, dis-le moi, es-tu obéissant ?
Tout au fond de son sac, de son sac, de son sac.
Tout au fond de son sac, des tas d'folies et de nic-nac.